РУКОВОДСТВО ПО ФИЛОСОФСКОМУ ПАРТНЕРСТВУ

Принципы, процедуры, упражнения

Loyev Books

РУКОВОДСТВО ПО ФИЛОСОФСКОМУ ПАРТНЕРСТВУ

Принципы, процедуры, упражнения

Второе издание

РАН ЛАХАВ

Перевод с английского Сергея Борисова и Регины Пеннер

Loyev Books

Originally published in English as *Handbook of Philosophical Companionships*, second edition, by Loyev Books, 2016.

ISBN-13: 978-0-9981330-8-9
ISBN-10: 0-9981330-8-6

Loyev Books
1165 Hopkins Hill Road, Hardwick, Vermont 05843, USA
philopractice.org/web/loyev-books

Содержание

.

Благодарности

Я благодарен многим моим коллегам и философам-практикам, которые с энтузиазмом участвовали в моих исследованиях философского партнерства в режиме онлайн и лицом к лицу. Без их увлеченного участия, творчества и открытости ума эта книга не смогла бы появиться.

Предисловие Сильвии Пероначи

Ран Лахав работает в области философской практики более 20 лет. Как практикующий философ он читал курсы по философской практике в университете, публиковал статьи и книги по этой тематике, разработал новые методы философской практики и успешно использовал их в индивидуальной и групповой работе. Также он – организатор международных конференций. На протяжении нескольких лет Ран собирает видеозаписи интервью с практикующими философами со всего мира.

Два года назад вместе с Кармен Завала Ран Лахав открыл вебсайт «Philo-Practice Agora: место для интернет встреч практикующих философов», материалы которого доступны на нескольких языках (www.philopractice.org). Этот новый философский храм «мышления в единении» чрезвычайно многообразен. Он приветствует всех – не только специалистов в области философской практики, но и любого, в ком живет философ. Цель проекта – помочь нам сосредоточиться и начать практику осмысления самих себя и мира вокруг нас. Одним словом, этот проект направлен на возрождение традиции философских размышлений, которая была ограничена специальной литературой, но теперь вновь возвращается в повседневную жизнь.

В этом и смысл того, что мы хотим вернуть. Этот смысл заключается в опыте отношений, желаемых нами и пробуждающих нас. Такая встреча является чем-то большим, чем просто физическое взаимодействие, она напоминает нам о скоротечности времени. Только тогда, когда мы преодолеем *ограниченность нашего мышления и перейдем к открытому взаимодействию, мы сможем действительно стать друзьями. Только тогда мы сможем ценить мудрость и жить мудро. Мудрость гласит: каждый момент уникален. Понимание этого раскачивает нас подобно маятнику между любовью и страхом, благоговением и отвращением, фило-софией и «фобо-софией».*

Мы жаждем преображения, драгоценной мудрости. Однако с восходом солнца мы вновь меняем свои желания. И тогда нам все нужно начинать сначала. Каждый день наш внутренний голос призывает нас совершенствоваться. «Человеческая реальность никогда не дана мне как само собой разумеющееся», – полагает Ран Лахав в этой книге. Философская практика, поясняет он, состоит из «акта восприятия, который тоже есть творчество». Можно добавить, что этот акт является критической и интеллектуально ответственной формой исследования, существенно отличающейся от многих популярных ныне сект и движений.

Ран Лахав не нуждается в особом представлении не только благодаря своему авторитету и неутомимой деятельности. С той поры как путешествия стали необходимой частью его философской работы, он лично встретился с большинством представителей мира философской практики.

Вы можете забыть то, о чем говорили с Раном, но вы вряд ли забудете то впечатление, которое философ оказал на вас: это испытанный старый друг; и важно то, что каждому он дорог по-своему. На протяжении длительного времени этот особый талант Рана оказался более значимым, чем любой вещественный подарок, который он мог бы вам подарить; образ

Рана овеян особым духом. В этом духе написана и представленная вашему вниманию книга.

Недавно Ран Лахав «произвел на свет» новое видение философской практики, которое «вынашивал» в течение долгого времени, – философское партнерство. Настоящее «Руководство по философскому партнерству» разъясняет основные принципы этого проекта. В то время как философское консультирование сосредоточено на «пациенте», а философское кафе – на обсуждении конкретного вопроса, этот «новорожденный» формат философской практики, который может осуществляться в режиме онлайн, а также во время личных встреч, сосредоточен на «единении», т. е. на совместной работе практикующих философов. Сам автор объясняет это через противопоставление: единение состоит в «мышлении с другим», а не в «мышлении об идеях другого».

Для того чтобы точнее понять это противопоставление давайте представим, что мы делим свой хлеб с кем-то или просто едим его в одиночку. Вот в этом и заключается значение словосочетания «партнерские отношения». В первом случае хлеб представляет собой то, что мы едим в совместной трапезе (от латинского *сит* – «с» и *panis* – «хлеб»). Как и «мышление с кем-то» – это хлеб общего опыта. Во втором случае хлеб есть «мышление о чем-то». Этот хлеб, съеден он (или нет) с кем-то, кто на самом деле нашим сотрапезником не является, он незнакомец. Этот хлеб подобен идее, которой можно обмениваться, но которую не разделяют. Это как будто есть (или голодать) в одиночку.

Отношение формирует диалог. В последнем отношении – «мышлении о...» – скорее можно наблюдать лишь обмен идеями, рынок безличных тем, идей без «чувства глубины» (Руководство, глава 1.1), лишенных резонанса, в отличие от идей, возникающих в истинном диалоге.

Ран Лахав очень серьезно относится к выбору тем для совместного философствования. Каждая тема, предложенная им, красива как цветок, тщательно подобранный после глубокого исследования во внутренней тишине и созерцании. На веб-странице Agora размещена эта кладовая специально подобранных отрывков из философских произведений по различным жизненным вопросам. Каждую неделю Agora пополняется новыми отрывками; это настоящий подарок Интернету. И все эти отрывки сохраняют аромат той тишины, в которой они были найдены.

Такой точный подбор текстов не случаен. На самом деле это происходит благодаря причастности всей группы к той или иной теме. Это выражается не в том, как тема представлена в письменной традиции, но в том, как она раскрывается в «опыте партнера» (Руководство, глава 5.3). Такой подбор текстов обоснован тем, что участники не скатываются от общего опыта созерцательного диалога к упрямой дискуссии; к той ситуации, когда обращают внимание на размышления своих партнеров только с той целью, чтобы превратить их «в объект проверки» (глава 2.5). Наоборот, тема открывает вход в храм. Чтобы войти туда, в этот священный круг, необходима созерцательная активность, умение «мыслить с...» и извлекать пользу из общего понимания. Это понимание, пишет философ, сродни посещению концерта или молитве, но «молитве без догм» (Глава 1.2). Это «процесс» поиска вопросов вместо поиска ответов, выводов, «конечных результатов»

(Глава 1.2). Это исследование вопроса о том, как открывать себя и помнить ту связь, по словам Рильке, между тем, что мы знаем, и тем, что мы готовы узнать.

Подобное единение с темой является гарантом того, что во время процесса созерцания вы не перейдете от внутреннего отношения сопричастности к обычной индивидуалистической позиции. В этом единении, вы можете следовать за совместными мыслительными усилиями как одна команда, или, наоборот, вы можете изолироваться и начать снова думать самостоятельно. Так, в следующий раз, когда вы попадаете в автоматический конкурентный дискурс вопроса-ответа, отметьте для себя, если вы не растеряетесь, что философский хлеб находится в самой теме, а не в размышлении о ней. Вы, скорее всего, образно говоря, наступите на горло собственной песне, вместо того, чтобы присоединить ее к этому «хоровому пению». «Философское повторение (или Ruminatio)» является действенным упражнением Руководства (глава 4.4). Это упражнение основано на важном (идущем из религиозной практики) представлении о том, как работает человеческий разум: намеренное повторение слов переключает ваше внимание от внешнего слоя абстрактного мышления – к внутреннему слою конкретного живого понимания. Затем вы пробуждаетесь и начинаете мыслить, чтобы жить, вместо того чтобы жить, чтобы мыслить, как сказал кто-то. Хотя ваша жизнь стихийна, хрупка и смертна, тем не менее, вы думаете о ней как о необходимой, неизменной и бессмертной. Такой настрой создать не просто, но это основа философской практики.

Ран Лахав объединил в данном Руководстве около двух десятков принципов, основных понятий, практических вопросов, процедур и упражнений, чтобы помочь нам осуществлять «мышление с», «резонировать» друг с другом (главы 2.8 и 4.1); чтобы помочь нам понять, что каждый из нас способен мыслить с помощью создания всеобщего уникального опыта единения, а не только в режиме пустого обмена искусственными идеями, заимствованными из прошлого опыта.

Тот смысл, который созидается в общении, и та связь, которая возникает между партнерами, всегда были в фокусе философского стремления. Тем не менее, читатели, которые будут не только читать, но и использовать данное руководство, кто последует рекомендациям в своей повседневной практике, в скором времени откроют для себя, что смысл «мышления с» включает слой, который глубже формального и абстрактного. Это жизненно важный слой. Смысл, так же как и хлеб, по сути, тот же, или когда вы наедине с собой, или когда вы с кем-то. Тем не менее, только тогда, когда вы обретаете смысл с кем-то, он включает в себя и то, что жизненно важно для вас.

Единение с партнером создает условия для прохождения сквозь наружный слой смысла, хлеба или любого другого предмета. Этот слой скрыт, пока вы изолированы и уверены в том, что, так как факты говорят сами за себя, смысл должен быть однозначным. Такое отношение не связанно с одиночеством, но со скрытым убеждением, что наш опыт формируется в иллюзорном «спокойствии», в заданных геометрических границах и никогда не изменится, никогда не погибнет и не возродится вновь, а будет просто воспроизводиться. Как следствие, вместо того чтобы постигать смысл ситуации, вы удовлетворяетесь ее внешним проявлением; не вдаваясь в смысл синдрома, вы используете шаблоны; вместо того чтобы осмыслять проблемы, вы сразу ищите их решения; вместо того чтобы слушать другого или хранить молчание, вы спешите сделать умный комментарий; вместо того чтобы обратить внимание на свои сомнения, вы звоните кому-то или ищите ответ в Google, жмете клавиши на своем GPS, смотрите телевизор.

Когда вы действуете, опираясь на самого себя, вы чувствуете себя в безопасности, но парадоксальным образом, по той же самой причине, вы не чувствуете себя в безопасности. В безопасности, потому что никто за вами не наблюдает и вам не перед кем отчитываться, что сделано, то сделано. В опасности, потому что вы – единственный свидетель и все, что вами упущено, упущено навсегда. В этом случае ваш жизненный опыт не дополнен жизненным опытом кого-то другого; он никого не интересует. Если вы умираете, не только физически, но внутренне, вы не сможете осмыслить ваш опыт самостоятельно и исследовать то качество, которое является источником ваших внутренних изменений. Вы не сможете в одиночку увидеть темную сторону своей луны.

Все это знают и понимают. Но для того, чтобы жить с этим знанием и пониманием, чтобы «испытать эту мысль», как недавно заметила Кармен Завала в нашем еженедельном онлайн общении, вам необходимо регулярно освежать эти знания в группе, чему и посвящен диалог; в группе, подобной группам философского партнерства Рана Лахава.

Позвольте мне закончить это предисловие своим наблюдением, которое может показаться незначительным, хотя это не так. Во время каждой сессии философского партнерства всегда можно пропустить свою очередь, просто сказав, «я пропускаю / передаю» ("I pass"). Вам следует испытать это на себе. Когда вы делаете такой простой жест, вы молчаливо тренируете внутреннее чувство правильной дистанции, которое так трудно достичь. И таким образом к вам приходит понимание того, что смысл не является чей-то собственностью, он то, что помогает нам что-то передать (to pass on).

Сильвия Пероначи – практикующий философ из Италии. Принимала активное участие в нескольких ранних исследованиях Рана Лахава по философскому созерцанию, а также в работе его последних групп, работающих по принципу философского партнерства.

Глава 1

ОБЩИЕ ПРИНЦИПЫ

Что такое философское партнерство?

Философско-созерцательное партнерство или кратко «философское партнерство» представляет собой группу людей, которые встречаются в Интернете или лицом к лицу, как правило, один раз в неделю или в выходные и сообща размышляют над философским текстом. Важно то, что это не обычная дискуссионная группа. Это различие объясняется несколькими причинами. Во-первых, слово «партнерство» подразумевает особые отношения между людьми. В отличие от дискуссионных групп, в которых участники выражают свое личное мнение и делают выводы, партнеры по философствованию думают сообща, «резонируют» друг с другом и с текстом. Во-вторых, слово «созерцательный» подразумевает то, что партнеры думают и взаимодействуют, исходя из глубинного аспекта своего бытия.

Мы можем определить философско-созерцательное партнерство четче, с точки зрения трех элементов: деятельности группы; стремления, которое направляет эту деятельность; и долгосрочной цели группы.

Деятельность в партнерстве обладает тремя основными характеристиками:

Во-первых, когда партнеры рефлексируют над философским текстом или идеей, они делают это из своей внутренней глубины. Они думают и взаимодействуют не из ограниченной или поверхностной части себя, не из своих мыслительных шаблонов, мнений или аналитического ума. Скорее они пытаются следовать голосу своей сущности.

Во-вторых, партнеры мыслят и беседуют сообща. Вместо того чтобы *мыслить об* идеях друг друга, они *мыслят совместно* друг с другом. Как джазовые музыканты, которые резонируют друг с другом, создавая общую музыкальную композицию, партнеры резонируют друг с другом и вместе развивают свое философское понимание. Образно говоря, они находятся плечом к плечу, а не напротив друг друга, разделенные своими мнениями.

В-третьих, партнеры также находятся в единстве с философским текстом. Они резонируют с ним, вместо того, чтобы соглашаться или не соглашаться.

Эта деятельность со своими тремя характеристиками позволяет партнерам *стремиться к глубине*. Это стремление достичь глубокого понимания, оценить его основательность, пробудить в себе чувство глубины, иногда, породить глубокие идеи. Именно поэтому это партнерство философское. Философское созерцание нельзя рассматривать как «интересное», «забавное» или «полезное», скорее речь идет о глубине понимания. Эта также объясняет, почему философское партнерство акцентирует внимание на совместном действии: основательность в размышлении требует от меня того, чтобы я вышел за пределы своего «маленького я» и открыл для себя более широкие горизонты человеческого существования, которые простираются далеко за пределы моей личной точки зрения. Поэтому глубину, в значительной степени, может обеспечить глубина в единении.

Чувство глубины стремится проникнуть в нас и пробудить в нас нечто основательное. Цель партнерских отношений в том, чтобы открыть нам более глубокое измерение нашего бытия. Это требует от партнеров выхода из своего обычного образа мышления и существования, иного внутреннего настроя, иного способа бытия с собой и другими. Перспективная цель партнерства заключается в культивировании нашей внутренней глубины или, иными словами, «внутреннего измерения».

Обозначенные три элемента – деятельность в группе, руководящее стремление группы и групповая цель – это три кита, которые превращают членов группы в философских партнеров.

Философское созерцание как процесс

Мы приходим к созерцанию, потому что дорожим глубокими идеями и глубоким пониманием, к которым приходим сообща. Мы ценим глубину так же, как в музыке мы ценим красоту, а в приготовлении пищи –

вкус. Основательность и есть, так сказать, «красота» или «хороший вкус» философского созерцания.

Это означает, что философское созерцание – это, прежде всего, процесс, а не способ получения конечных результатов. Главное то, что созерцание не завершается конечной точкой – выводом, теорией, решением проблемы; созерцание – это сам процесс. Если этот процесс приносит вам радость и удовольствие, значит, эта радость происходит из вашей глубины и чувства единения, возникающего в течение сессии.

В связи с этим встреча философов-партнеров больше похожа на музыкальный концерт, чем на консультацию. В консультации важен конечный результат: уверенность консультируемого в себе, изменение его поведения, улучшение семейных отношений, развитие самооценки. Если, например, к концу консультации тревожность консультируемого снижена, то сеанс считается успешным. Таким образом, сеанс консультирования подобен дороге к искомой цели. Дорога сама по себе не важна: она может быть укорочена или даже упразднена, если такой же результат можно достичь другим способом.

В противоположность этому, музыкальный концерт не ставит перед собой достижения конечного результата, который можно унести домой. Не имеет никакого смысла спрашивать о том, можно ли прослушать концерт в ускоренном режиме. Мы идем на концерт, чтобы насладиться каждой минутой, не для того, чтобы принести домой готовый результат. Важен сам концерт, а не какой-то его конечный продукт.

Это также применимо к философскому партнерству. Смысл партнерства – это множество драгоценных и глубоких моментов, возникающих во время сессии: моменты глубоких прозрений в единении; сиюминутные переживания, превосходящие наше маленькое я; вспышки озарения, возникающие из нашей внутренней глубины; случайные всплески вдохновения и полноты. Само собой разумеется, не все моменты в партнерстве подобны этим. Некоторые являются глубокими и интенсивными, другие – менее интенсивны. Мы не можем ожидать, что партнерская сессия будет экстазом нон-стоп. Большинство моментов в сессии драгоценны не потому, что они хороши и интенсивны, а потому, что все эти моменты являются частью общего движения к нашей внутренней глубине.

В партнерстве нами движет желание прикоснуться к глубине и через внутреннее измерение достичь основы нашего существования. Это стремление подобно платоновскому Эросу или любви. И как в каждой истории любви не все моменты одинаковы, так и в философском партнерстве не все моменты полны переживания.

Помимо значимых моментов во время сессии, философское партнерство оказывает также долгосрочное воздействие. В этом отношении оно также похоже на музыкальный концерт. За месяцы и годы концерты могут развивать нашу музыкальную восприимчивость и понимание. Чем больше мы слушаем музыку, тем сильнее мы будем ценить ее в будущем, даже если это сначала не являлось главной причиной посещения концерта. Точно так же философское партнерство имеет долгосрочное влияние на нас. Партнерские сессии могут развить нашу философскую восприимчивость и умение оценить глубину, улучшить нашу способность совместного созерцания и культивировать наше внутреннее измерение. В опыте созерцательных упражнений наши умозрительные способности и восприимчивость, вероятно, улучшатся, даже если это долгосрочное воздействие не является главной причиной нашего участия в сессии.

Здесь мы можем сравнить партнерскую сессию с молитвой. Тот, кто молится, делает это не для того, чтобы улучшить свои будущие способности к молитве, а потому, что сама молитва имеет смысл. Она есть способ обращения к предельной реальности. Но это не отрицает того, что в течение всего времени мы совершенствуем свои действия, наша молитва становится глубже, целенаправленней, сильнее. Такой же смысл в партнерстве. Оно тоже позволяет нам войти в контакт с глубиной нашего существования, но, в конечном счете, партнерство также может улучшить наши способности посредством практики и опыта.

Можно сказать, что сессия философского партнерства подобна молитве, но эта молитва без опоры на догмы, священные писания, на церковь или иные институты, на религиозные авторитеты, на образ Бога.

Это поворот каждого к глубине существования, к внутреннему измерению. И, в конечном счете, это может пробудить нашу внутреннюю глубину и развить ее.

Самотрансформация в истории философии

Когда мы развиваем нашу внутреннюю глубину, мы изменяем наше отношение к себе и реальности. Таким образом, долгосрочная цель философского партнерства заключается в преобразовании себя: выйти за рамки наших обычных психологических схем и структур к *бо*льшим измерениям существования.

Это не означает, конечно, что мы надеемся избавиться от всяческих психологических проблем. В конце концов, мы – люди, и упразднить нашу психологию невозможно и нежелательно. Но упорная работа над культивированием нашей внутренней глубины может постепенно развить способность выходить за пределы нашего «маленького я» и, порой, преодолевать наши психологические установки. Это переживание внутреннего освобождения и внутренней полноты; это подобно опыту заключенного, покидающего свою камеру даже на нескольких минут.

Цель самотрансформации не столь фантастична, как это может показаться. На самом деле, она соответствует духу западной философии. На протяжении всей истории философии многие мыслители считали, что философия может помочь нам в преобразовании себя в направлении более полной и глубокой жизни.

Платон, например, в аллегории пещеры предположил, что цель философии состоит в том, чтобы выпустить нас к солнцу добра, красоты и истины из темной пещеры, в которой мы заключены. Античные стоики использовали философские размышления для освобождения от эмоциональных привязанностей, для нахождения рационального «внутреннего руководства», развития спокойствия и гармонии с космосом. Спиноза утверждал, что по мере продвижения в философском понимании мы прогрессируем в обретении блаженного состояния «интеллектуальной любви к Богу». Философия Ж.-Ж. Руссо показывает нам, что обычно мы отчуждены от самих себя, но что мы можем воссоединиться с природной самостью внутри нас. Философия Ф. Ницше вдохновляет нас на преодоление своего «маленького я» с целью обретения величественной жизни «сверхчеловека». Р. Эмерсон призывает нас открыть в себе высшие источники вдохновения, названные им «сверх-душой». Поэтическая философия А. Бергсона стремится развить в нас интуитивную оценку нашей глубины, целостности внутренней жизни. И этот список можно продолжать. Я называю этих философов «трансформирующими мыслителями».

Интересно, что эти трансформирующие мыслители принадлежали к разным философским школам и разным историческим периодам. Они использовали разные концепции и совершенно по-разному представляли себе статус человека. И, тем не менее, их всех объединяет общая тема: представление о самотрансформации. Все они разделяют мысль о том, что наша повседневная жизнь ограничена и поверхностна и что философия может помочь нам выйти из своей тюрьмы к более полной, богатой и глубокой жизни.

Не все из этих мыслителей отводили философии одинаковую роль в процессе самотрансформации. Некоторые из них, такие как стоики, считали, что философские учения имеют власть преобразовать нас. Другие, как Ж.-Ж. Руссо, полагали, что философия может показать нам путь к самотрансформации, даже если не пользоваться собственно философским процессом. Третьи, такие как А. Бергсон, полагали, что философия может научить нас смотреть на жизнь с большей восприимчивостью; или, подобно Ф. Ницше, что философия может вдохновить нас работать над изменением себя. Несмотря на эти различия, все они соглашались с тем, что абстрактной философии недостаточно. Если вы стремитесь к самотрансформации, вы должны делать нечто большее, чем абстрактно дискутировать о жизни. Вы должны практиковать и упражняться, размышлять над философскими идеями, работать над изменением своего внутреннего состояния.

Философское партнерство принадлежит к этой исторической традиции самотрансформации. Подобно традиционным трансформирующим мыслителям, философское партнерство наделяет философию трансформационной ролью: чтобы показать нам, как превзойти свой ограниченный образ жизни, чтобы вдохновить нас искать свои внутренние глубины, чтобы научить нас инструментам изменения себя и помочь пробудиться в нас нашему внутреннему пространству. Как и трансформирующие мыслители, философствующие партнеры не ограничивают себя логическим анализом, самоуверенными речами и теоретическими разговорами. В партнерство они включают важные элементы подлинной практики.

Но подобно тому, как разные трансформирующие мыслители имели разные видения трансформации, философское партнерство тоже имеет свой собственный уникальный подход – или, точнее, оно отказывается следовать какому-либо единому подходу. В отличие от традиционных мыслителей, которые хотели применить свою доктрину ко всему, философское партнерство не следует какой-либо одной точке зрения. Оно не имеет готовой теории о человеческой природе и о том, как мы должны трансформировать себя. Оно призывает участников отыскивать свою собственную дорогу; каждая из этих дорог должна быть выбрана и пройдена участником самостоятельно.

Рождение философского партнерства

Философское партнерство зародилось в контексте движения философской практики. Философская практика представляет собой движение философов всего мира, кто полагает, что философия может быть релевантна простому человеку с улицы. Философия существует не только для академических философов и университетских курсов, но также для водителя автобуса Мэри или для банковского кассира Джона.

Философия имеет отношение к жизни, потому что она занимается основными жизненными проблемами, которые появляются у каждого человека: Что такое настоящая любовь? Каковы мои моральные обязательства? Существует ли Бог? Как я могу сделать свою жизнь осмысленной?

С момента рождения движения в начале 1980-х годов, философы-практики работали в двух основных форматах. Во-первых, в формате консультации, в котором философ консультирует клиента в течение нескольких сеансов. Обсуждаются личные проблемы консультируемого; этот формат очень похож на психологическое консультирование, но с использованием философских инструментов мышления. Вторым форматом, используемым философами-практиками, являются дискуссионные группы, в том числе, так называемые философские кафе и группы сократического диалога. В течение многих лет эти два формата были основными в области философской практики. Они имели очень ограниченный успех, не привлекая большого числа клиентов.

Я считаю, что ни один из этих форматов не является идеальным для понимания сути философской практики, так как оба эти формата недостаточны для реализации жизненного потенциала философии. Философские дискуссионные группы представляют собой безличные дискуссии, как таковая возможность связи с жизнью ограничена. Философское консультирование сфокусировано на личных проблемах и заботах, а не на решении жизненных философских проблем. Оно направлено на то, чтобы клиент чувствовал и действовал лучше, а не на мудрость и понимание, что свойственно философии. Поэтому философское консультирование есть философская деятельность не во всей своей полноте.

Сказанное не умаляет ни один из названных форматов. Если они помогают людям думать, размышлять о себе и решать личные проблемы, то это замечательно. Но они не кажутся мне наилучшим каналом для осознания философской практики в отношении ее связи с жизнью и увеличении ее потенциала.

Философское партнерство призвано служить третьим форматом философской практики; тем форматом, который является более философским, чем консультирование и более личностным, чем дискуссионные группы. В настоящее время этот формат продвигает Agora (www.philopractice.org), место для Интернет-встреч философов-практиков со всего мира. Но проект Agora не был первым. Так, прежде уже проводилось несколько экспериментов, которые сочетали в себе философствование и созерцание.

В 2005 году я провел вместе с Хосе Баррьентосом из Испании встречи по «созерцательной философии». Встречи проходили на юге Испании, в них приняли участие четырнадцать философов из нескольких стран. Это было эгалитарное событие – каждый участник провел в группе собственную сессию. Событие казалось многообещающим, но ему не хватило четкой направленности. Мы еще не в полной мере понимали, что мы делаем.

В 2006 году я собрал группу философов-практиков из нескольких европейских стран, и мы дали старт международным группам «философского партнерства». Мы встретились дважды: во Флоренции (Италия) и в Дании на собраниях, организованных Нери Полластри и Финном Хансеном. Эти две встречи были интересны, но опять же, наше представление о том, что мы делаем, было недостаточно ясным. Мы хотели найти новый способ ведения философской практики и надеялись на то, что наше видение станет четче посредством наших встреч. Этого, однако, не произошло. Некоторое время мы продолжали общаться в Интернете, но группа распалась в течение нескольких месяцев.

Мой вывод на основе этих двух экспериментов заключался в необходимости разработки ясного видения философского партнерства с позиции его цели, принципов и процедур. Такое видение не приходит само собой во время совместного существования.

В течение последующих нескольких лет я экспериментировал на различных философских «мастерских» (workshops) с разными группами, сочетая философствование и созерцание. Позже, в 2014 году, вместе с Кармен Завала из Перу я начал проект Agora.

Проект вращается вокруг веб-сайта (www.philopractice.org), который направлен на то, чтобы дать слово разнообразным идеям и подходам в области философской практики, а также, он разработан, чтобы любой мог представить и развивать свое собственное философское видение.

Мы собрали небольшую группу заинтересованных философов и начали экспериментировать с идеей философского партнерства онлайн. Первые эксперименты оказались многообещающими, но потребовалось несколько месяцев, чтобы прояснить и сформулировать наше видение и наши методы. Наша конечная цель – плюрализм. Мы надеемся, что в будущем разные философы-практики будут развивать этот формат в различных направлениях. Но мои ранние опыты научили меня тому, что нужно исходить из ясной и точной отправной точки, в противном случае, ничего не получится.

В декабре 2015 года, после того как мы поняли, что наш подход стал достаточно ясен нам самим, мы создали на сайте Agora новую страницу, посвященную партнерству. Мы стали проводить сессии с участниками из разных стран, работа которых следовала формату партнерства. Хотя философское партнерство может собирать философов в рамках личных встреч, до сих пор мы сосредоточивались на онлайн версии. Но мы надеемся, что другие философы будут продолжать развивать философское партнерство, непосредственно собирая участников и устраивая сессии лицом к лицу.

Глава 2
БАЗОВЫЕ КОНЦЕПТЫ

Несколько концептов являются центральными в работе философского партнерства – это концепты глубины, внутреннего измерения, внутреннего отношения, «разговора с», созерцания, наделения голосом, единения и резонирования.

Чувство глубины

Так же как при приготовлении пищи мы стремимся к наилучшему вкусу, а в искусстве мы стремимся к красоте, в философском созерцании мы стремимся к глубокому пониманию. Философское созерцание не пытается быть «интересным», «развлекательным» или «полезным» – оно стремится породить глубокое понимание и идеи, а также помочь нам оценить всю их глубину. Не имеет смысла говорить об успешном партнерстве без чувства глубины, также как не имеет смысла говорить об успешном обеде, если он невкусен.

Тем не менее, глубина не есть то, что нам нужно четко определять заранее. Чувство глубокого, по самой своей природе, как правило, скрыто, находится в состоянии покоя, ожидания постепенного пробуждения. Поэтому это не вопрос готовых определений, но продолжающегося поиска, личностного и постоянно развивающегося. Этот поиск не в самом определении «глубокого» (также как и приготовление пищи – не в самом определении «вкусного»), но в развитии нашего чувства и понимания, в развитии «вкуса» к глубине, наподобие того, как повар развивает вкус к еде.

Везде, куда этот поиск ведет нас, мы можем признать основательность его воздействия. Когда мы сталкиваемся с философским текстом, высоко оцениваемым нами за глубину, это вдохновляет нас, волнует нас, пробуждает в нас благоговение, дает нам ощущение полноты и подлинности. Текст затрагивает нашу внутреннюю глубину – и здесь мы находим тесную связь между глубокими идеями и нашей личной внутренней глубиной.

Глубина также тесно связана с философствованием. Если я переживаю идею во всей ее глубине, то я понимаю ее как прикосновение к чему-то фундаментальному в человеческом существовании. Вот почему философствование имеет особый потенциал в пробуждении глубины. Философия, в конце концов, имеет дело с основными жизненными проблемами.

Наконец, глубина также связана с совместным действием. Когда я испытываю чувство глубины, это не просто абстрактная идея в моей голове. Скорее всего, я ценю глубину, будучи затронутым, взволнованным или даже вдохновленным. И для этого я должен быть вовлечен во взаимодействие с текстом, я должен быть *с* этими идеями, *с* реальностью, которую они раскрывают. Кроме того, хотя такое единение с текстом может быть достигнуто путем созерцания в одиночестве, оно также может быть обогащено в совместном действии с моими партнерами. Когда я размышляю сообща с другими, я открыт для их личного опыта и их перспективы. Я способен выйти за пределы своего замкнутого мира к более широким горизонтам жизни. Я теперь среди собратьев, кто принимает участие в создании единой человеческой реальности. Именно тогда я достигаю стадии единения – единения с текстом и со своими друзьями-созерцателями.

Опыт глубины, следовательно, есть своего рода открытие, но не такое, где я «думаю о» человеческой реальности, но такое, где я *с* ней. Это оказывает настолько сильное и вдохновляющее воздействие не потому, что оно дает мне интересную теорию или умную идею, а потому что оно включает меня во что-то реальное, в то, что больше меня самого.

Внутреннее измерение

Благодаря встрече с глубокими идеями и представлениями философское партнерство обращает нас к нашему внутреннему измерению и культивирует его. Но что такое «внутреннее измерение»?

Ответ на этот вопрос можно найти в трудах философов, которых я назвал ранее «трансформирующими философами». Несмотря на то, что они не использовали понятия «внутреннее измерение», их идеи развивались в этом направлении. Это кажется удивительным, ведь их трансформирующее видение очень разнится, в нем мало общего. Философ-стоик Марк Аврелий, например, пытался достичь состояния самоконтроля через разум, а Бергсон стремился к целостному потоку, который не может быть проанализирован. Ницше представлял себе трансформацию в направлении силы воли и самоутверждения, в то время как Эмерсон представлял себе состояние восприимчивости к скрытому источнику, который действует внутри нас.

Несмотря на эти различия, среди идей этих мыслителей есть много общего. Во-первых, все они говорят нам, что наше повседневное состояние, состояние до трансформации, ограничивается фиксированными схемами и структурами, а также контролируется с помощью автоматических психологических сил. Во-вторых, в отличие от их подробного описания состояния до трансформации, они очень мало говорят о самом состоянии трансформации, иными словами о жизни после того, как она была преобразована. Это предполагает, что состояние трансформации, не следуют некой общей формуле. В то время как наше нормальное состояние легко описать, поскольку оно ограничено жесткими схемами, наша внутренняя жизнь после трансформации свободна от структур и моделей. Она не может быть сведена под общее описание. Таким образом, трансформация, которую представляли эти мыслители, приводит человека к состоянию внутренней свободы и целостности, что выходит за рамки нашей обычной рассогласованности.

Кроме того, состояние трансформации также связано с внутренней энергией (спокойной или страстной), с вдохновением, спонтанностью, полнотой, изобилием и глубиной. Некоторые мыслители упоминают внутреннюю тишину и покой, в то время как другие говорят об истечении. Это можно рассматривать как две формы интенсивности.

Следует отметить и то, что все эти философы описывают трансформированное состояние как редкое и драгоценное; они подчеркивают, что оно сильно отличается от нашего повседневного состояния. Это потенциал человеческого существования, потенциал, который, как правило, мы реализуем не в полной мере. Знакомая нам повседневная жизнь представляет собой узкий срез наших обширных потенций, ограниченную часть нашего существа. Многие из наших внутренних ресурсов, как правило, не используются, бездействуют.

В соответствии с этой философской традицией основной долгосрочной целью философского партнерства является исследовать эти спящие аспекты нашего существования. Слово «измерение», конечно, – метафора. Это не измерение в геометрическом смысле. Этот термин намеренно расплывчат, он предназначен, чтобы избежать тех или иных догм по поводу этого.

Таким образом, «внутреннее измерение» или «внутренняя глубина», к которой мы стремимся, есть то, что можно обнаружить, лишь идя своей дорогой, а не то, что мы можем определить заранее. Это ценное и редкое состояние целостности, глубины и внутренней свободы, которое дает ощущение подлинности и полноты. Помимо этих самых общих описаний, следует отметить, что внутреннее измерение невозможно описать в теории – его нужно искать, и поиск этот должен быть самостоятельным.

Внутреннее отношение

Мы не можем приобщиться к глубине, не можем получить доступ к нашему внутреннему измерению, просто теоретизируя об этом или анализируя это. Подобно тому, как любовь или надежда сами по себе отличаются от мыслей о любви или надежде, таким же образом, подключение к нашему внутреннему измерению не то же самое, что его обсуждение.

Это вовсе не означает, что слова бесполезны. Проблема заключается не в самих словах, но в том, как мы их используем. Точнее, речь идет о *внутреннем отношении*, в которое мы ставим себя во время разговора или размышления. Слова являются мощным и гибким инструментом – они могут быть использованы, чтобы описывать, чтобы петь песни о любви, молиться Богу, чтобы жаловаться, пугать и вдохновлять. Но для того, чтобы использовать их в созерцании, для того, чтобы использовать их для обращения к внутреннему измерению, мы должны произносить их с соответствующим внутренним отношением.

Аналогия поможет уточнить то, что означает «внутреннее отношение». Представьте себе, что вас попросили описать дерево, которое стоит на расстоянии. Что происходит сейчас в вашем уме и теле? Ваше внимание обращено к дереву, вон там, вне вас, чуть подальше от вас. Усилие напрягает ваше тело и фокусирует ваше сознание на этом отдаленном объекте. Вы выжимаете все возможное из своего ума и своих чувств, своего тела, своего чувства единения с другом, своего радостного отдыха на природе. Все ваше существо находится сейчас в положении зрителя, разглядывающего точку, сосредоточено на внешнем объекте. Можно сказать, что вы находитесь во внутреннем отношении внешнего наблюдателя.

Подобное отношение внешнего наблюдателя может также появиться, когда мы пытаемся описать что-то внутри нас, например, головную боль или чувство удовольствия. Головная боль или удовольствие не являются внешним объектом в физическом пространстве, но когда меня просят их описать, я помещаю эти чувства как объект перед глазами моего разума. В этом случае я занимаю позицию наблюдателя, который рассматривает что-то, отдельное от себя. Точно так же, когда меня просят описать себя, я отделяю себя от себя: я отделяю себя как наблюдателя от себя как объекта наблюдения.

Мы так привыкли к позиции внешнего наблюдателя, что почти не осознаем этого. Но такая позиция становится заметной, если сравнить ее с альтернативным отношением. Например, когда мы расслабленны, сидим напротив дерева, отдыхаем; мы уже не являемся наблюдателями, больше не тянемся сосредоточенно отсюда к отдаленному объекту. Мы теперь ведем себя по-другому: мы *с* деревом и *с* окружающей средой как одно целое. Наше внутреннее отношение мягко плывет вместе с миром. Точно так же, когда мы залезаем на дерево, мы сражаемся с его сопротивлением, двигаясь в сторону его ветвей, толкая и притягивая их. Мы не сосредоточены на отдаленном объекте, но мы и не мягко плывем вместе с окружающей средой, мы во внутреннем отношении конфронтации: я преодолеваю препятствие. Или когда мы ходим по лесу и любуемся его красотой, мы хотим распахнуть объятия и обнять все вокруг. Мы течем по миру, расширяемся во всех направлениях, выходим за пределы своих границ. Можно назвать это внутренним отношением расширения. И напоследок, когда мы пишем стихи о дереве, наше беспокойство стихает, и мы становимся восприимчивыми, внимательными к звуку слов, как они формируют стихи в нашем сознании. Очевидно, что в каждой из этих ситуаций мы состоим в разных внутренних отношениях.

Наше внутреннее отношение формируется из многих факторов, включая нашу манеру говорить. Чтобы убедиться в этом, попробуйте пожаловаться на кого-то или кого-то поблагодарить, попросить что-то, и вы увидите, как меняется ваше внутреннее отношение. Понаблюдайте за положением своего тела, выражением лица, состоянием ума и вы поймете, что ваша речь влияет на ваше отношение, которое, в свою очередь, влияет на все ваше существование в целом.

Таким образом, наш способ говорения «окрашивает» наше внутреннее отношение и это делается не столько из-за того, *что* мы говорим, но в первую очередь из-за того, *как* мы это говорим. «Говорение о» – описание, информирование, анализ – ставит нас в одно внутреннее отношение, в то время как жалоба, мольба или чтение стихов ставят нас в совершенно иное внутреннее отношение. Каждое из этих отношений вовлекает различные ресурсы внутри нас, разную восприимчивость, различную внутреннюю активность, разные способности.

Все это важно для философского партнерства. Если мы хотим, чтобы наше философствование было созерцательным, если мы хотим, чтобы оно пробудило в нас чувство глубины, то проблема не только в том, *что* сказать, но и *как* сказать. Философствование может повернуть нас к внутренней глубине только в том случае, если это делается с соответствующим внутренним отношением.

«Говорение из» и «слушание из»

Образно мы можем сказать, что слова, которые мы используем, могут поступать из различных «мест» внутри нас. Один способ говорить возникает из нашего наблюдающего разума, другой – из наших эмоций, нашей внутренней тишины или нашей эстетической восприимчивости. Это, конечно, метафоры. Мы не говорим здесь о «географических» местах в нашем сознании или в головном мозге. Метафора «говорение из» напоминает нам о том, что различные способы использования слов активизируют различные ресурсы внутри нас, разную восприимчивость, способности, потенции.

Точно так же мы можем «слушать из» разных мест внутри нас, иными словами, мы можем активизировать различные ресурсы внутри нас в акте слушания. Мы можем слушать слова текста аналитически, анализируя и оценивая их, или можем использовать свою поэтическую восприимчивость к ритму и красоте потока слов, или мы можем слушать из нашей восприимчивости к глубине, куда ведут идеи текста, резонирующие с нашей глубиной.

Поэтому говорение и слушание может быть мощным инструментом развития созерцательного отношения. Когда я слушаю или говорю «из» своего аналитического ума, я активирую свои аналитические способности. Когда я слушаю или говорю «из» своего поэтического ума, я активирую свои поэтические склонности и восприимчивость. Когда я слушаю или говорю «из» себя социального, я активирую свою социальную восприимчивость. Точно так же, когда я слушаю или говорю «из» своего внутреннего измерения, я активирую те аспекты себя, которые чувствительны к глубине, те аспекты, которые вовлекают в мое внутреннее измерение. Эти аспекты нашего внутреннего измерения находятся в бездействии большую часть времени. Мы слишком заняты, спеша, выражая мнения, принимая практические решения, осуждая, калькулируя. Наше внутреннее измерение не часто активизируется. И когда оно не активно, оно переходит в спящий режим, даже атрофируется. То, что вы не практикуете, медленно умирает.

Для того чтобы совершенствовать наше внутреннее измерение, мы должны практиковать его. Мы практикуем наше внутреннее измерение, когда мы говорим и слушаем «из» него, иными словами из нашей чувствительности к глубине. Философское общение, следовательно, есть формат, разработанный для того, чтобы помочь нам говорить и слушать *из* нашего внутреннего измерения. Говорение и слушание из нашего внутреннего измерения называется *созерцанием*.

Может возникнуть соблазн сказать, что в философском партнерстве имеет значение не то, что мы говорим, но из чего мы это говорим. Но это не совсем так, потому что то, что мы говорим, влияет на то, как мы это говорим. Например, достаточно сложно произнести скабрезность, исходя из поэтического отношения, или говорить о трагедии дорогого друга, исходя из комического отношения. То, что я говорю и как я это говорю, влияет друг на друга.

Поэтому если я хочу слушать и говорить из моего внутреннего измерения, если я хочу поставить себя в отношение, исходящее из глубины моего существования, то я должен тщательно выбрать тему. Тема должна быть потенциально глубокой, она должна быть связана с человеческим существованием и с основными жизненными проблемами. Кроме того, я должен относиться к ней не из отношения своей догматической уверенности, а удивляться, благоговеть перед ней из внутреннего отношения ищущего. Вот почему философствование – это лучший способ практиковать наше внутреннее измерение. Конечно, не каждый вид философствования вовлекает наше внутреннее измерение. Многие философские дискуссии происходят из бесстрастного, аналитического состояния ума. И хотя не каждое философствование является созерцанием (многие университетские лекции это подтверждают), самое глубокое созерцание осуществляется через философствование.

Итак, мы можем подытожить, что философское партнерство представляет собой формат, в котором участники философствуют о фундаментальных жизненных проблемах, исходя из внутренней глубины своего существования, ища глубокого понимания. Материалом для философского партнерства являются философские проблемы, формой – философствование, отношением – беседа, исходящая «из» внутреннего измерения, стремлением – пробуждение глубокого понимания. Этот вид деятельности является тем, что мы называем «созерцанием».

Созерцание

Иногда термин «созерцание» используется как синоним «мышления». Тем не менее, в контексте философского партнерства этот термин имеет более специфическое значение. Оно означает мышление, исходящее из более глубоких аспектов нашего существования, поиска глубокого понимания. Это значение близко по духу тому, в каком это слово употреблялось в некоторых философских и духовных трудах, например, Платоном или Плотином.

Мышление из нашей внутренней глубины сильно отличается от *мышления о чем-то*. Легко думать об идее, рассматривая ее с внешней стороны, подобно биологу, рассматривающему насекомое через увеличительное стекло. Такое мышление исходит из поверхностных аспектов нас самих, из наших аналитических способностей, но не из нашей эмоциональной или духовной восприимчивости. Гораздо труднее думать *из* нашей глубины, не думая *о* чем-то. Такие мысли выражают глубинное измерение внутри нас или «наделяют его голосом», не превращая его, тем не менее, в объект внешнего осмотра. Созерцание, в этом смысле, отождествляется с наделением голосом. Это и есть, в первую очередь, «мыслить из», а не «мыслить о».

Созерцание это не простая задача. Легко спутать созерцание с рассеянным или ассоциативным мышлением. Однако, на самом деле, созерцание противоположно небрежности мысли. Если мы предоставим нашим мыслям свободу, если позволим нашим устам произносить слова без внимания и усилий, то мы просто будем иметь дело со случайным психологическим материалом, а не чем-то глубоким внутри нас. В ассоциативном говорении мы наполняем наш ум небрежной болтовней, в то время как в созерцании мы тщательно создаем внутреннее пространство, в котором наша внутренняя глубина может озвучить себя.

Итак, созерцание есть метод наделения голосом нашей внутренней глубины путем преодоления нашей привычки контролировать свои мысли, это открытие пространства тишины внутри нас и приглашение внутренней глубины выразить себя в этом пространстве. Для этого требуется отношение, которое вовлекает всю нашу сущность. Наш выбор слов, интонации нашего голоса, ритма нашей речи, положения нашего тела, нашего внимания и мысли. Все они должны объединить свои силы. Это, очевидно, требует внимания, опыта и подготовки.

Наделение голосом

Я только что упомянул выражение «наделение голосом». В какой-то степени, когда я подаю голос, я подобен музыкальному инструменту в руках музыканта, который выражает свое вдохновение через меня. Я рот, который произносит слова, которые «хотят» быть услышанными, слетая с моих губ. Я человек, который дает выражение внутренней глубины, которая «хочет» выразить себя через меня.

Таким образом, для того, чтобы дать голос, я должен отказаться от обычной склонности контролировать свои мысли и отдаться потоку идей, выходящему за границы моего маленького я. Сейчас я являюсь частью большего динамичного потока идей, который аккумулируется в группе. Этот поток течет в моей внутренней глубине, в тексте и в человеческой реальности в целом. Я больше не самодостаточный индивид, который выражает только свои собственные идеи, потому что я наделяю голосом мудрость, человеческое существование, подлинность.

Эти метафоры, однако, являются неточными. Позиция наделения голосом отнюдь не подразумевает пассивности. Это не отношение Дельфийского оракула, который является беспомощным орудием в руках Бога. Когда я наделяю голосом свою внутреннюю глубину или человеческую реальность, которая резонирует глубоко во мне, я использую свой собственный язык, свои собственные образы, свои собственные чувства, а также свои культурные склонности, предположения и предубеждения. Я есть человеческое существо, такое же, как философ, который написал текст, который я читаю. Человеческая реальность никогда не говорит во мне сама по себе, потому что я всегда «окрашиваю» ее движение внутри меня своим личным способом мышления, своими чувствами, своим творчеством. Наделение голосом есть акт восприимчивости, который также является в высшей степени творческим актом.

Единение и резонирование

В философском партнерстве мы созерцаем сообща – сообща с нашими партнерами и с выбранным текстом. Это не случайно. Созерцание и единение тесно связаны друг с другом.

В обычном разговоре каждый участник отстаивает определенную точку зрения: «Я согласен», «Я не согласен», «Я сомневаюсь», «Я не знаю», «Я предполагаю». Слово «я» является здесь существенным. Это означает, что я являюсь источником моей точки зрения, «хозяином» «моих» взглядов, и я отношусь к другим как один собственник к другим собственникам. Такое отношение ставит меня в положение изолированного индивида – атома, чьи идеи отличают меня от идей других. Разговор становится столкновением точек зрения изолированных индивидов, столкновением моей точки зрения и вашей.

Единение означает, что мы отказываемся от разделения на свои и чужие мысли, на свои и чужие взгляды, на свои и чужие убеждения. Это не означает, что мы согласны друг с другом, скорее, согласие или несогласие больше не является проблемой. В единении мы оставляем за бортом те свои мнения и убеждения, которые не имеют отношения к нашей беседе. На протяжении всей сессии я уже не отдельный мыслитель, кто придерживается своих собственных взглядов, кто изолирован от мнения других. Я больше не «владелец» своего королевства идей. Вместо этого, я становлюсь голосом в хоре, принимаю участие в попытке обогатить и продвинуть мышление группы в целом. Мои мысли сплетаются с мыслями моих собеседников так, что все мы создаем сложную структуру идей всей группы.

Воспользуемся метафорой из мира джаза: сообща с другими я больше не солист, который одиноко творит свою музыку. Скорее всего, все мы – участники джаз-банда, резонирующие друг с другом и творящие общую музыку. Точно так же в партнерстве мы создаем групповое понимание, которое состоит из вклада всех собеседников. Мы не конкурируем друг с другом, не оцениваем друг друга, так как моя музыка не отделена от вашей.

Результатом является то, что в партнерстве мое внутреннее отношение глубоко изменяется. Я больше не наблюдатель, который смотрит вокруг, «думая о», «высказываясь о», «реагируя на». Я теперь во внутреннем отношении «бытия с», я резонирую с другим, с текстом, с каждой идеей. Я больше не контролирую свою реальность, как только моя реальность выходит за пределы моего маленького я. Это отношение открытости в противовес замкнутости, выход за пределы моих границ, бытие нити в куске ткани.

Резонирование само по себе еще не несет в себе созерцательного отношения. Оно с необходимостью не предполагает рефлексию над основными жизненными проблемами, что является одним из важнейших элементов философского созерцания. Вместе с тем, резонирование является важным компонентом в созерцательном отношении, потому что оно вытягивает нас из нашего обычного внутреннего отношения и ставит нас в отношение открытости бо́льшим горизонтам нашего бытия.

Глава 3

ПРАКТИЧЕСКИЕ ВОПРОСЫ

Встреча онлайн или лицом к лицу

Существует два формата философского партнерства: первое, собеседники могут организовать «живую» встречу, лицом к лицу, еженедельно или по выходным. В качестве альтернативы этому они могут встречаться в Интернет режиме с использованием программного обеспечения, позволяющего настроить видео-чат, к примеру, Skype или ooVoo. Каждый из этих форматов имеет свои преимущества и недостатки.

Для некоторых сессии лицом к лицу более естественны и близки, нежели онлайн общение. Они лучше чувствуют контакт с собеседниками, когда они видят язык тела партнеров и могут поговорить с ними до или после сессии.

Еще одно преимущество формы общения лицом к лицу в том, что не так важно число участников. Можно провести встречу с 15 людьми в комнате, но трудно провести онлайн беседу с более чем 9 или 10 участниками. Когда вы видите только лица на экране, групповое взаимодействие может поначалу быть неясным. Например, вы не способны сказать, на кого на экране смотрит конкретный участник.

Тем не менее, онлайн общение имеет свои преимущества. Во-первых, оно способно объединить людей, живущих далеко друг от друга, людей со всего мира. Это значительно увеличивает целевую аудиторию – каждый на планете становится потенциальным участником сессии. Это также позволяет нам создавать весьма разнообразные группы, которые объединяют людей из разных стран, представителей разных культур.

Кроме того, онлайн сессии свободны от организационных проблем, которые возникают во встречах лицом к лицу. К таким проблемам можно отнести поиск подходящего места встречи и плата за него. Помимо этого, посещение «живой» встречи занимает много времени, так как участник должен добраться до места встречи, используя личный или общественный транспорт. Онлайн сессия, напротив, не требует каких-либо временных и материальных затрат на транспортные услуги. Это делает участие удобным и может увеличить количество потенциальных участников. В нашей современной насыщенной жизни есть большая разница между необходимостью уделить чему-то весь вечер или только 60-90 минут.

Проектирование рамок

Существуют, вероятно, разные способы проектирования философского партнерства. Некоторые из них до сих пор не опробованы. Но на основе нашего опыта в Agora, я могу предложить следующие рекомендации.

Во-первых, группа не должна быть слишком маленькой или слишком большой. Обычно это 5-10 участников в онлайн сессиях и 8-15 – во встречах лицом к лицу. Обозначенное число участников позволяет организовать взаимодействие, которое станет живым и глубоким, с одной стороны, управляемым и целенаправленным, с другой. Группе, которая слишком мала, может не хватать динамики и того чувства единения, которое способна дать большая группа. В конце концов, большая часть энергии партнерства генерируется за счет групповой деятельности, помимо чьей-либо индивидуальности. С другой стороны, в группе, которая является слишком большой, не хватает времени на каждого участника, упражнения могут показаться скучными или же хаотичными и неуправляемыми.

Во-вторых, необходимо заранее договориться о регламенте сессий. В группах, встречающихся лицом к лицу, встречи на выходных могут быть весьма продуктивными. Альтернативой может быть расписание встреч раз в неделю, что достаточно часто, для создания целостности, и не слишком часто, чтобы быть обременительным. Четыре встречи по одному разу в неделю представляются мне хорошей основой для партнерства. Четыре встречи дадут группе достаточно времени, чтобы развить идеи и сформировать чувство единения. Такое оптимальное количество встреч не позволит участникам заскучать и не станет обузой. В конце цикла из четырех встреч, участники могут принять решение о продолжении партнерского общения во втором цикле.

Длительность обычной сессии лучше установить в пределах 60-90 минут. Час, чуть больше или чуть меньше, как правило, – подходящее время для группового созерцания. После созерцательной части сессии стоит дать участникам возможность взаимодействовать в более спокойном и «естественном» режиме для того, чтобы они могли свободно обмениваться опытом и мыслями.

Общая структура сессии

Для того чтобы удержать внимание и поддерживать порядок сессии, ведущий отвечает за каждую встречу. Либо один опытный участник отвечает за все встречи, либо последовательно каждый участник ведет одну из встреч.

Ради поддержания созерцательной атмосферы, лучше начать сессию непосредственно с созерцательной деятельности, не тратя времени на социализацию и случайные разговоры. Если участники жаждут общения, они могут пообщаться после сессии.

Ниже представлена стандартная последовательность действий (которые, разумеется, могут быть изменены в соответствии с потребностями и целями группы):

1) Приветствие: ведущий приветствует участников и кратко объясняет план встречи.

2) Сосредотачивающее упражнение: это краткое медитативное упражнение, способное помочь участникам оставить в стороне обычные хлопоты повседневной жизни и сконцентрироваться на себе. Большинство из этих упражнений выполняются с закрытыми глазами как во время онлайн бесед, так и во время встреч лицом к лицу. Вот несколько кратких примеров:

- Упражнение на создание образа, с помощью которого участники формируют в своем сознании образ, в котором они все сидят в тишине на природе.

- Упражнение на дыхание, с помощью которого участники сосредоточиваются на вдохе, наблюдая, как воздух медленно проникает в их тело, из носа в нижнюю часть живота, и потом еще дальше вниз, до точки под стулом.

- Упражнение на положение тела, в котором тело используется как метафора для внутреннего отношения. Ведущий может сопроводить упражнение инструкцией, например: «Теперь вы в своем теле, освободитесь от всего, расслабьтесь, мысленно "выйдите" из своего тела и откройте пустое пространство в середине».

3) Основные упражнения: теперь, когда участники погружены в тихое и сосредоточенное внутреннее отношение, начинается основная часть сессии. Активность участников вращается вокруг философского текста объемом от половины до целой страницы. Текст используется в качестве оси, ориентирующей всю

встречу. Текст никогда не рассматривается как авторитет, но как отправная точка для созерцания.

Часто упражнения состоят из двух этапов: на первом этапе происходит предварительное знакомство с текстом, предназначенное для того, чтобы каждый участник убедился в понимании хотя бы его поверхностного смысла. В рамках этого этапа участники размышляют об основных идеях и понятиях текста. Второй этап состоит из более творческих и личностных упражнений, выполняя которые участники выходят за рамки текста. Более подробную информацию об этом смотрите в следующей главе.

4) «Что я забираю с собой?»: после того как основные упражнения закончились, но участники все еще находятся в созерцательном состоянии, им предлагается поделиться тем, что они нашли в сессии лично для себя и что заберут после сессии с собой. Цель здесь кроется не в обсуждении, но в рефлексии о сессии, как о едином целом, чтобы наделить голосом значимые интуиции или опыт, которые возникли в ходе сессии. Для того чтобы поддерживать созерцательное отношение, участники могут следовать процедуре «Драгоценный разговор» или «Направленная беседа» (смотрите следующую главу).

5) Мета-разговор: ведущий объявляет, что созерцательная часть сессии закончилась; он предлагает участникам расслабиться и вернуться к обычной для партнеров форме беседы. Участники теперь могут свободно общаться о том, что произошло в ходе сессии, обмениваться опытом, выдвигать предложения или

задавать вопросы. Такая беседа называется «мета-разговором», от греческого «meta», что используется в философии для выражения «вне-» или «сверх-». Обратите внимание на то, что важно четко отмечать переход от созерцательной части к мета-разговору. (Например: «Наша созерцательная сессия закончилась. Давайте теперь перейдем к мета-разговору»). Это необходимо, потому что правила разговора и необходимое внутреннее отношение весьма разнятся.

Выбор текста

В партнерских сессиях мы обычно используем короткие тексты длиной около половины страницы. Текст не рассматривается нами как авторитет, которому нужно следовать, он служит отправной точкой, дающей партнерам единое пространство идей. Кроме того, трудно изобрести глубокие философские идеи на пустом месте, а хороший текст, в свою очередь, как отправная точка уже богат идеями. Так что всякий раз у нас нет необходимости начинать думать с нуля.

Большинство упражнений, которые мы используем в партнерстве, вращаются вокруг этого текста. Таким образом, ведущий сессии должен выбрать текст заранее и предоставить копии всем участникам, чтобы текст был у них перед глазами во время выполнения упражнений. Иногда ведущий может попросить участников прочитать текст до начала сессии.

Лучшие тексты для философских упражнений – философские тексты – емкие и поэтичные, но не слишком трудные для понимания. Вы можете найти такие тексты на странице Philosophical Topics сайта Agora (www.PhiloPractice.org/web/topics).

Помехи и шумы

Шумы и иные отвлекающие факторы ожидаемы в любых встречах. Но они особенно заметны в созерцательных сессиях, потому что эти сессии сосредоточены на внутренней тишине. Когда отвлекающие факторы не могут быть ликвидированы, следует признать их полезным вызовом. Созерцание не может всегда быть легким и приятным. Оно включает в себя усилия, работу и борьбу с трудностями. Препятствия, в конце концов, являются частью нашей жизни, и работа с ними является частью любого пути к внутреннему росту.

Ведущий может предложить партнерам рассматривать помехи так, как если бы они были частью упражнения, как возможность обучить себя и научиться созерцательному процессу. Наша реакция на тревожащий шум является частью процесса созерцания. Шум это не то, что раздражает или выступает причиной, чтобы прервать встречу, а то испытание, у которого можно поучиться.

То же самое относится и к внутренним помехам. Иногда участники приходят на сессию усталыми, беспокойными или расстроенными личными проблемами. Повторю снова, это часть жизни. Созерцание не есть процедура только для мирного времени. Реальный путь к росту также включает в себя восхождение на горы и пересечение пустыни, а не только хождение по удобным дорогам.

Технические проблемы во время онлайн сессий

Онлайн сессии создают свои собственные проблемы, но большинство из этих проблем можно решить довольно легко.

Порядок выступлений. Некоторые упражнения требуют от участников говорить в установленном порядке. Во встречах лицом к лицу, порядок выступлений может соответствовать тому порядку, в каком сидят участники. Наоборот, в онлайн встречах, никакого порядка рассадки нет, и лица на экране, как правило, расположены по-разному для разных участников. Как же можно определить порядок выступлений?

Самое простое решение – выступать в алфавитном порядке. Альфред выступает перед Беатрис, а Беатрис, в свою очередь, перед Кларой. Каждый участник может вспомнить человека, выступающего перед ним, или ведущий может помочь, называя имена.

Потеря подключения к Интернету. Подключение к Интернету не всегда устойчиво, и поэтому иногда бывает, что участники теряют связь и пропадают из вида. Как правило, они могут восстановить связь в течение нескольких минут. Важно, чтобы это восстановление было кратковременно и не прерывало сессию. Таким образом, можно ввести следующее правило: всякий раз, когда вы теряете связь и отключаетесь от сессии, вы можете восстановить сеанс и вернуться к группе; но делайте это как можно тише, без объяснений и без извинений.

Google Drive в качестве групповой «доски». Некоторые упражнения требуют использование доски, на которой участники группы могут вместе писать. Для этой цели можно использовать некоторые Интернет сервисы, например, Google Drive. Google Drive представляет собой синхронизирующийся сервис, находящийся в бесплатном пакете Google сервисов. Google Drive позволяет группе людей открыть общий документ и делать в нем совместные записи. Все, что написано в общем документе, сразу видно другим. Все могут писать одновременно, и это позволяет нам делать упражнения, которые невозможно или трудно совершать при помощи физической доски.

Для того чтобы использовать Google Drive, необходимо иметь учетную запись в Gmail, которая предоставляется бесплатно.

Глава 4
ПРОЦЕДУРЫ И УПРАЖНЕНИЯ

Процедуры, упражнения и сессии

Для ясности мы будем различать три концепта: «процедуры», «упражнения» и «сессии».

Сессия – это целая встреча, как правило, продолжающаяся около 60-90 минут. Сессия может состоять из нескольких видов деятельности, в том числе, упражнений и мета-разговора.

Процедура есть правило (или правила) о том, как говорить или взаимодействовать. Процедура не является самостоятельным видом деятельности; это элемент в пределах другой, более масштабной деятельности. Простой пример: «Каждый участник произносит только одно предложение в порядке очереди». Процедура может быть использована в качестве элемента во многих упражнениях.

Упражнение представляет собой структурированную деятельность, состоящую из нескольких этапов. Многие упражнения используют процедуру «Драгоценного разговора». Иными словами, «Драгоценный разговор» является элементом многих упражнений.

Процедуры и упражнения играют главную роль в партнерских сессиях. Они помогают нам погрузиться в созерцательное отношение. Иными словами, они говорят нам, как думать и взаимодействовать из нашей глубины, чуть глубже обычного. Обычной дискуссии недостаточно для этой цели, она сможет активировать лишь автоматический режим говорения, но может не соответствовать цели партнерства. Иногда процедуры и упражнения делают взаимодействие «неестественным», но именно в этом их цель: вытащить нас из нашего «естественного отношения», из состояния «автопилота».

Философское партнерство может быть успешными только тогда, когда партнеры поддерживают соответствующее внутреннее отношение – созерцательное отношение, которое очень отличается от нашего обычного режима высказывания, декларирования, осуждения и мышления с позиции внешнего наблюдателя. Не будет преувеличением сказать, что партнерство покоится или исходит из способностей участников поддерживать это внутреннее отношение. Таким образом, процедуры и упражнения не должны рассматриваться в качестве уловок для проведения сессии интересно и весело, но как основные инструменты, которые помогают нам созерцать. Невозможно думать об упражнении в партнерстве как об успешном или неуспешном независимо от вопроса о том, способствовало ли это упражнение созданию созерцательного отношения.

A. ПРОЦЕДУРЫ

Процедура «Драгоценный разговор»

В этой важной процедуре партнеры стараются следовать трем «намерениям». (Эти намерения похожи на «правила», но они не так однозначны, как правила, они регулируют внутренние усилия, а не доступное наблюдению поведение). Эти намерения помогают участникам выйти из своей обычной манеры говорить и погрузиться в созерцательное внутреннее отношение. Эти три намерения таковы:

1) *Каждое слово драгоценно.* Первое, всякий раз, когда вы говорите в группе, относитесь к каждому из своих слов как будто это драгоценный камень, ценный подарок, который вы даете группе. Говорите лаконично и определенно, ограничивая себя, произнося только нужные слова, обычно, не более одного предложения. Избегайте повторений, чрезмерных объяснений и избыточных слов, таких как «Итак, я думаю, что ...» или «Я хотел бы сказать, что ...», или «Мне кажется, что ...». Вместо этого непосредственно высказывайте саму идею. Кроме того, произносите слова четко, с выразительным ритмом и нужной интонацией.

2) *Говорение из вашей внутренней глубины.* Второе, пытаетесь говорить из глубины внутри вас. Это означает, что вы отстраняете обычный импульс высказать свое мнение, автоматически среагировать, напомнить анекдоты и личные ассоциации. Вы открываете внутреннее пространство тишины внутри

вас – «поляну» в лесу ментального шума – и вы наделяете голосом идеи, которые появляются в этом пространстве. Иными словами, вы внимательны к словам, которые «желают» говорить в вас.

3) *«Говорение с» (резонирование).* Третье, когда вы взаимодействуете с идеей из текста или с мнением партнера, говорите «с» вместо «о». Не стоит соглашаться или не соглашаться, не оценивайте и не осуждайте, не анализируйте и не комментируйте. Вместо этого, резонируйте с идеей так, как джазовый музыкант резонирует со своим партнером.

Этим трем намерениям не всегда легко следовать, но как только они потребуют радикального изменения наших обычных привычек говорения, они окажут глубокое влияние на внутреннее отношение партнеров.

Существует несколько вариаций «Драгоценного разговора», каждая из которых подходит для различных целей. Во-первых, участники могут выступать в установленном порядке или свободно. В упорядоченной версии участники говорят друг за другом, в заранее определенной очередности: либо в соответствии с расположением их места во время сессий лицом к лицу, либо в алфавитном порядке во время онлайн общении. В свободной версии участники могут говорить тогда, когда чувствуют необходимость высказаться. Упорядоченная версия создает ритмичный и быстрый темп произнесения предложений (участник может сказать «пропускаю», предоставляя слово следующему).

В свободной версии говорение, как правило, сочетается с длинными паузами.

Во-вторых, участники могут либо формулировать свои слова свободно, либо их можно попросить формулировать слова определенным образом. Например, для того чтобы побудить участников взаимодействовать друг с другом, их можно попросить всегда включать в предложения слово, которое было использовано предыдущим оратором; или их можно попросить начинать каждое предложение с определенного фиксированного оборота (например: «Моя внутренняя тишина – это ...»).

Процедура «Направленная беседа»

Несмотря на то, что «Драгоценный разговор» – это действенная процедура, она имеет свои пределы. Оно позволяет участникам говорить лишь короткими предложениями, одно предложение в порядке очереди. Иногда, однако, мы хотим, чтобы участники говорили более подробно и беседовали более интенсивно, но мы все еще хотим, чтобы они поддерживали созерцательное отношение. Для этой цели мы используем процедуру «Направленная беседа».

Процедура «Направленная беседа» тоже базируется на нескольких намерениях (и вновь «намерения» рассматриваются нами, как правила для развития внутреннего осознания). Но вместо того, чтобы подчеркнуть драгоценность каждого произнесенного слова, намерения «Направленной беседы» придают значение элементу слушания из внутренней глубины:

1) Слушание из внутренней тишины. Слушание другого является ключевым элементом в этой процедуре, это особый вид слушания. Мы слушаем, не исходя из обычной перспективы: «Я согласен» или «Я не согласен», «Это напоминает мне ...» или «Это похоже на теорию Платона», «Это интересно» или «Эта хорошая точка зрения». Скорее, мы делаем молчаливым наше я, высказывающее мнения, мы слушаем из места внутри нас, где нет мнений и частных ассоциаций.

Делайте так, за несколько минут до процедуры погружения вашего ума в тишину, отклоните мнения и автоматические реакции. Откройте внутреннее пространство в себе – «поляну». Затем, когда участники начнут говорить, осторожно размещайте их слова «на» этой поляне, сделайте их слова и идеи ярко запечатленными в вашем уме.

2) Наделение голосом. Когда вы говорите, выражайте только то, что живо в вас в данный момент. Для того чтобы сделать это, говорите, не исходя из известных вам мнений, но из слушания внутри вас. Иными словами, открывайте себя своему внутреннему существованию и «наделяйте голосом» те слова и идеи, которые живы глубоко внутри вас. Игнорируйте известные вам мнения и автоматические реакции, а также любые мысли из прошлого, которые уже умерли в вас.

3) Плотная речь. В свою очередь вы можете высказать больше предложений, чем необходимо (вы не ограничены одним предложением, как при «Драгоценном разговоре»). Тем не менее, всегда формулируйте свои идеи сжато во избежание повторений, чрезмерных объяснений и использования ненужных слов.

4) *Резонирование с другими.* Когда вы говорите, ориентируйтесь на то, что было сказано вашими партнерами. Однако не говорите *о* том, что они сказали, но резонируйте *с* тем, что они сказали. Для этого представьте себя певцом в хоре. Вы и ваши партнеры создаете музыку вместе, у каждого из вас особый голос, импровизируйте вместе, как будто вы идете своим путем. Это подразумевает, что различные понимания могут сосуществовать бок о бок, даже если кажется, что они противоречит друг другу, таким образом создается полифония голосов.

Процедура «Медленное чтение»

Во многих упражнениях мы читаем текст вместе, но мы хотим слушать текст из созерцательного отношения, из нашей внутренней тишины. Проблема заключается в том, что мы так привыкли к чтению текстов, что уже не замечаем отдельные слова и фразы. Мы смотрим «через» слова на скрытое за ними значение слов. Процедура «Медленное чтение» позволяет нам сломать эту привычку и слушать текст по-другому.

В своей простейшей форме «Медленное чтение» предполагает, что волонтер читает текст вслух очень медленно, гораздо медленнее, чем обычно, в то время как другие участники следят за текстом, каждый по своей копии. Они слушают слова молча, из своего внутреннего пространства, обращая внимание на особые понятия или фразы, которые трогают их или привлекают их внимание.

В другом варианте «Медленного чтения» один волонтер читает текст вслух, в то время как его партнеры шепчут слова или произносят их про себя.

В третьей версии этой процедуры ведущий читает только первые слова каждого предложения, позволяя участникам прочесть остальную часть предложения про себя. Им предоставляется достаточное время, чтобы дочитать предложение очень медленно, возможно, проделав это несколько раз.

Процедура «Философское повторение» (*Ruminatio*)

Это медитативная процедура была разработана моим другом Джералдом Хофером, практикующим философом из Германии. Это простая процедура, которая похожа на разучивание песен или стихов.

Перед тем как начать эту процедуру, следует убедиться, что все участники понимают текст (см. ниже раздел «Упражнения для изучения текста»). Ведущий выбирает одну фразу, и партнеры начинают читать выбранную фразу вслух, снова и снова, последовательно, в соответствии с порядком рассадки участников (во встречах лицом к лицу) или в алфавитном порядке (в Интернет беседах). Когда все участники закончат чтение фразы, следует начать второй раунд декламации. Одну фразу можно читать, возможно, пять, семь или даже десять раундов подряд. Таким образом, одна и та же фраза прочитывается снова и снова в течение нескольких минут.

Эффект может быть очень действенным. Поначалу сознанию может быть скучно или оно может быть раздражено этим бесконечным повторением; но вскоре появляется прояснение, внимание сосредоточивается, и происходит размышление над предложением. Может быть осознано новое понимание.

Как и с другими процедурами, здесь возможны несколько вариантов. Ведущий может предложить участникам просто слушать спокойно пока они ждут своей очереди или они могут произносить фразу вместе с читающим, но про себя. Между каждым раундом можно на некоторое время хранить молчание для индивидуального созерцания.

После окончания декламации, эта процедура может быть продолжена «Драгоценным разговором» или «Направленной беседой», в которых участники выражают своих идеи и чувства.

В. УПРАЖНЕНИЯ ДЛЯ ИЗУЧЕНИЯ ТЕКСТА

Упражнение «Созерцательное изучение»

Это упражнение используется, когда группа впервые знакомится с текстом, особенно со сложным. В этом случае необходимо изучить текст и попытаться понять его поверхностное значение, не теряя при этом созерцательного отношения. Обычное обсуждение здесь неуместно, так как созерцательная атмосфера будет потеряна. Это упражнение состоит из двух процедур: «Медленного чтения» и «Драгоценного разговора», возможно также использование «Направленной беседы».

В ходе подготовки ведущий выбирает философский текст из 3-6 абзацев (или разбивает текст на абзацы).

На первом этапе этого упражнения один из участников читает первый абзац текста, используя процедуру «Медленного чтения». После ведущий задает вопрос: «Что этот абзац вам рассказал?» Участники отвечают на вопрос с использованием процедуры «Драгоценного разговора».

Затем группа движется к следующему абзацу и так далее до конца текста.

После того как все параграфы прочитаны и изучены, ведущий просит партнеров поразмышлять о тексте в целом. Он просит их выйти за свои привычные рамки, просто резонировать с текстом и наделить голосом собственные идеи. Это можно сделать, задавая вопросы, такие как: «Что я понял из этого текста?», «Где я сейчас, после прочтения текста?» или «Какое личное понимание хочет сейчас говорить во мне?»

Участники отвечают на вопрос, либо «Драгоценным разговором», либо «Направленной беседой».

Упражнение «Прогулка по ландшафту идей»

Это упражнение, как и предыдущее, может быть использовано для изучения нового философского текста, особенно его внутренней логики и главных понятий. Оно также может быть использовано для выхода за пределы текста, для личного творчества.

Упражнение основано на наблюдении, что в центре любой философской теории мы находим небольшое число главных понятий или идей. Для того чтобы понять это, рассмотрим, например, разницу между различными философскими подходами к межличностным отношениям. Например, подход Мартина Бубера вращается вокруг двух важных идей: идеи о том, что человек никогда не является изолированным атомом, но всегда человеком, находящемся в отношении, а также различием между отношениями общности (Я – Ты) и отношениями отчуждения и противопоставления (Я – Оно). Когда мы рассмотрим подход Эммануэля Левинаса к той же проблеме, то поймем, что этот подход вращается вокруг свершено других идей: фундаментальной уязвимости человеческого существования и ответственность индивида за уязвимость другого. В подходе Хосе Ортеги-и-Гассета мы находим также другие главные идеи: различие между внутренним и внешним мирами, потаенность внутреннего мира и наша способность выходить из него. И наконец, подход Жана-Поля Сартра вращается вокруг различия между фактичностью и свободой и идеей, что смотрящий на кого-то объективирует этого человека.

Конечно, каждое из этих воззрений намного богаче, чем краткое перечисление идей, но везде имеют место базовые идеи, вокруг которых выстраивается все остальное. Они являются «скелетами» этих философских подходов. Мы можем добавлять дополнительные идеи и обогащать каждый «скелет», но преимущество простого «скелета» в том, что он дает для обсуждения центральную логическую структуру философской теории.

Мы называем этот скелет «ландшафтом идей». Так же, как реальный ландшафт состоит из гор, озер и рек, связанных друг с другом определенным образом, концептуальный ландшафт философской теории состоит из сети взаимосвязанных «ориентиров». Исследование подобного ландшафта есть исследование его центральных понятий и связей между ними.

Все это является основой упражнения «Прогулка по ландшафту идей». В этом упражнении мы исследуем ландшафт философской теории, но делаем это изнутри, как будто бы гуляем по нему. Мы его не осуждаем и не критикуем, не пытаемся соглашаться или не соглашаться с ним, скорее, мы «гуляем внутри» этого ландшафта, исследуя то, как один ориентир связан с другим, а также исследуем новые пути, которые не обозначены в тексте. Мы можем также привнести в этот ландшафт свой личный опыт и расположить его там. Результатом этого станет исследование, которое одновременно является интерпретирующим (мы верны внутренней логике философа) и личным (мы выходим за пределы ландшафта философа, чтобы исследовать новые пути идей и опыта).

Когда мы гуляем по ландшафту идей философа, мы должны отказаться от собственных мнений для того, чтобы следовать по ландшафту. Делать так, значит всегда совершать важный шаг в направлении созерцания. Но следует всегда придерживаться определенных правил или намерений, чтобы сохранить дух созерцания и единения и избежать обычной дискуссии.

Стандартное упражнение «Прогулка по ландшафту идей» состоит из нескольких этапов. На первом этапе, после краткого медитативного упражнения, мы начинаем с чтения текста, используя процедуру «Медленное чтение»: читаем очень медленно, с паузами для того, чтобы создать атмосферу внутреннего слушания.

На втором этапе ведущий предлагает участникам найти 2-3 идеи (концепта, отличительных особенностей и т. п.), которые поразили или затронули их как главные в тексте. Затем участники раскрывают эти идеи при помощи процедуры «Драгоценный разговор» – они не поясняют эти идеи, а только кратко их называют, используя не более 4-5 слов. (Если необходимо подробное объяснение, то более подходящим будет использование процедуры «Направленная беседа»). Участники могут выразить идею, цитируя текст, выражая его своими словами, или, используя высказывания других участников. Ведущий собирает эти идеи, записывает их и представляет записанное на всеобщее обозрение (в документе Google Drive в онлайн группах или на листе бумаги во встречах лицом к лицу).

На третьем этапе участники смотрят на список идей и стремятся его сократить. Это происходит при помощи процедуры «Драгоценный разговор», в ходе которой участники повторяют те идеи, которые затронули их как наиболее важные или волнующие. После нескольких раундов ведущий помечает (обводя или подчеркивая) те 2-4 идеи, которые были повторены несколько раз. Это ландшафт идей для группы, с которым ей предстоит работать.

Вышеуказанные шаги могут занять 10-20 минут, чуть больше или меньше, они составляют в большей мере интерпретирующую часть упражнения. Когда же группа поняла текст и набросала из него ландшафт идей, начинается более личный и творческий поиск. Это четвертый этап упражнения, который может быть осуществлен несколькими различными способами.

В одной из версий четвертого этапа ведущий приглашает участников поделиться личным опытом, что связан с этим ландшафтом идей. Это следует делать, используя процедуру «Направленная беседа», которая позволяет использовать более длинные описания, акцентируя внимание при этом на внутреннем слушании и наделении голосом, того, что живо в данный момент. После каждого персонального опыта, участники могут отзываться о нем, резонируя с ландшафтом идей, представленным на странице. Таким образом, они проясняют как этот опыт, так и ландшафт в целом.

Иной вариант четвертого этапа сосредоточен на общих идеях, а не на личном опыте. Ведущий представляет участникам новый концепт, тот, что не упоминался в тексте и не отображался в ландшафте группы. Участникам затем предлагается высказать предложения с использованием «Драгоценного разговора» так, чтобы вывести ландшафт за пределы его первоначальных граней, чтобы включить в него новый концепт. Например, в сессии по отношениям «Я – Ты», по Буберу, ведущий может ввести понятие «романтической любви», а затем спросить: что мы можем сказать о романтической любви с точки зрения ландшафта Бубера? Используя процедуру «Драгоценный разговор», участники предлагают идеи о романтической любви, которые соответствуют духу ландшафта Бубера. Таким образом, группа расширяет ландшафт Бубера личным, творческим и в то же время созерцательным образом.

Возможен также более созерцательный вариант четвертого этапа. Ведущий читает начало фразы из текста, а участники по очереди продолжают предложение так, что одновременно связывают его со своим личным опытом и с исследуемым ландшафтом. Если сохранять ритм, не давая участникам слишком много времени на обдумывание, результат подобен медитативному повторению.

C. ИНТЕРАКТИВНЫЕ ЗАНЯТИЯ

Упражнение «Слушание из опыта»

Это упражнение делает акцент на внутреннем слушании опыта другого. Такое слушание может быть мощным способом выйти за пределы своих личных мнений и эгоцентристских схем мышления.

На первом этапе упражнения партнеры размышляют о тексте с целью его понимания.

На втором этапе выбирается предложение или абзац, и участники погружаются в его созерцание с помощью процедур «Медленное чтение» или «Философское повторение». Во время чтения они слушают изнутри, чтобы увидеть, соответствует ли что-либо в тексте их личному опыту, их переживаниям за последнее время.

На третьем этапе ведущий просит волонтера поделиться с группой своим личным опытом. Волонтер кратко описывает свой опыт, используя процедуру «Направленная беседа». В одной из версий этого упражнения говорящий может несколько раз повторить свое описание, тем самым создавая атмосферу «Философского повторения».

На четвертом этапе партнеры занимаются созерцанием опыта, но изнутри, так если бы это случилось с ними. Они внимательно прислушиваются к себе и наделяют голосом то, что выходит на поверхность их осознания и что проливает свет на этот опыт. При этом важно, что они говорят *из* этого опыта, а не *о* нем.

Упражнение «Групповая поэма»

В этом упражнении группа сообща сочиняет поэму. Каждый участник пишет две строфы, строфы складываются вместе и затем слегка модифицируются, чтобы они подошли друг к другу.

Два элемента в этом процессе создают созерцательный эффект. Во-первых, попытка сформулировать слова в поэтической форме требует внутреннего слушания и внимания к ритмике слов и звуков. Во-вторых, написание групповой поэмы означает написание чего-то большего, чем просто своих собственных идей. В отличие от привычных разговоров я не являюсь «владельцем» «своих собственных» идей, с этого момента мои строфы являются частью единого целого. Следовательно, опыт смирения становится частью более широкого движения мысли.

Это упражнение подходит для более поздних этапов работы над философским текстом, после того, как текст был понят (возможно, посредством упражнения «Созерцательное изучение»). На первом этапе группа в течение нескольких минут в тишине размышляет над избранной строфой или предложением. Партнеры по просьбе читают текст медленно и проникновенно, внутренне прислушиваясь к словам, которые поразили их своим смыслом, и идеям, которые всплывают в их сознании.

На втором этапе партнеры по просьбе наделяют голосом идею, которая у них появилась, выражая ее в двух строфах стихотворения. Каждый из участников записывает свои строфы отдельно на листе бумаги. Как альтернатива в онлайн сессиях участники могут писать одновременно в документе Google Drive, так, что каждый может видеть, что пишут партнеры.

На третьем этапе строфы складываются вместе в случайном порядке на листе бумаги или в документе Google Drive. Волонтеры читают всю поэму, а группа внутренне прислушивается к течению поэмы. После каждого прочтения партнерам предлагается вносить изменения, которые могли бы улучшить и объединить поэму: изменить порядок строф, времена или местоимения, добавить связки и т.д.

На последующем четвертом этапе, на котором партнеры созерцают целостную поэму, они могут на нее индивидуально воздействовать посредством процедур «Драгоценный разговор» или «Направленная беседа».

ЗАКЛЮЧЕНИЕ

В этом руководстве я попытался обобщить идеи и методы, которые, согласно моему опыту, помогают организовать совместную глубокую и проникновенную созерцательную философскую деятельность. По мере того как группа продолжает работать вместе, растет ее сплоченность и близость, развивается ее способность пробуждать внутреннюю глубину участников.

Разумеется, потенциал философского партнерства огромен, и есть много путей его развития, что ожидает своего исследования. Я надеюсь, что другие практикующие философы продолжат изучение новых идей, новых процедур и упражнений. Я считаю это руководство отправной точки для дальнейшего развития, а не окончательной рамкой.

Тем не менее, при разработке новых идей важно иметь в виду общую картину, в особенности, ее цель – культивирование внутренней глубины, созерцательную ориентацию и дух единения. Это три столпа философско-созерцательного партнерства и они определяют, что есть партнерство. Конечно, можно было бы разработать форматы, не созерцательные по своей сути или которые не акцентированы на совместном резонансе и внутренней глубине. Такие группы могут фокусироваться, например, на дискуссиях, или на обмене личным опытом, или на развитии навыков диалога и т.д. Это могут быть замечательные группы, но было бы неверно называть их философским партнерством. Для того чтобы избежать путаницы и в целях сохранения целостности формата партнерства, таким группам следует дать другое название и они должны быть представлены как нечто другое. Позвольте мне повторить, что «философское партнерство», по определению, это очень специфичная вещь: оно созерцательно, оно вовлекает в совместное резонирование и оно направлено на культивирование нашей внутренней глубины.

При этом я надеюсь, что новые идеи, новые процедуры и упражнения получат развитие, и что вы, читатель, будете исследовать этот новый формат по-своему и будете способствовать его развитию. Я был бы рад услышать от вас о ваших экспериментах и о ваших новых идеях и методах. Философия есть исследование новых неизведанных территорий. Философское партнерство и есть эта новая территория, и я приглашаю вас принять участие в этом путешествии.

Ран Лахав
февраль 2016 г., Вермонт, США.

www.ingramcontent.com/pod-product-compliance
Lightning Source LLC
Chambersburg PA
CBHW060657030426
42337CB00017B/2662